L'ALGÉRIE

PARIS. — IMP. SIMON RAÇON ET COMP., RUE D'ERFURTH, 1.

L'ALGÉRIE

QUELQUES MOTS DE RÉPONSE

A LA BROCHURE

LA VÉRITÉ SUR L'ALGÉRIE, PAR LE GÉNÉRAL DUCROT

PAR

E. DUCOS

INSPECTEUR GÉNÉRAL DES PONTS ET CHAUSSÉES

ANCIEN INSPECTEUR GÉNÉRAL DES TRAVAUX CIVILS DE L'ALGÉRIE

Ager frugum fertilis, bonus pecori, arbori infecundus, cælo terraque penuria aquarum. Genus hominum salubri corpore, velox, patiens laborum : plerosque senectus dissolvit, nisi qui ferro aut bestiis interiere; nam morbus haud sæpe quemquam superat.

Le sol est fertile en grains, abondant en pâturages, dépouillé d'arbres par la rareté des pluies et le manque de sources. Les hommes y sont robustes, légers à la course, durs au travail : à l'exception de ceux que moissonne le fer ou la dent des bêtes féroces, la plupart meurent de vieillesse, car rien n'y est plus rare que d'être emporté par la maladie.

(SALLUSTE, proconsul de Numidie.)

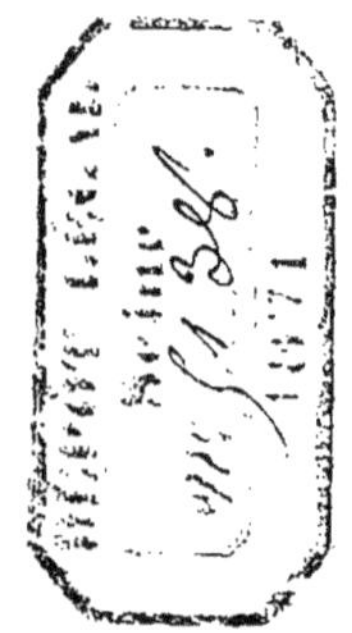

PARIS

DUNOD, ÉDITEUR

LIBRAIRE DES CORPS DES PONTS ET CHAUSSÉES ET DES MINES

49, QUAI DES AUGUSTINS, 49

1871

L'ALGÉRIE

Neque me diversa pars..... movit a vero.

SALLUSTE.

Il vient de paraître à la librairie Dentu deux nouvelles brochures sur l'Algérie.

La première, intitulée *la Vérité sur l'Algérie*, est dédiée par son auteur, le général Ducrot, député de la Nièvre, au duc d'Aumale, ancien gouverneur général de cette colonie.

La deuxième, œuvre de M. Behaghel, ancien intendant ou interprète à l'armée d'Afrique, n'est, à proprement parler, qu'une monographie de cette colonie, où se trouve résumé et condensé ce qui a été écrit jusqu'à ce jour sur l'histoire, la conquête, la colonisation de ce pays ; sur les mœurs et la religion des populations indigènes ; sur le climat, les productions du sol, etc.

Dans l'Avant-propos de la première de ces brochures, le général Ducrot déclare qu'en livrant son travail à la publicité, il croit faire acte de bon citoyen. L'expérience qu'il a

1

acquise et les études qu'il a faites pendant un long séjour au milieu des populations arabes lui font regarder comme un devoir « de déchirer le voile qui couvre la question algérienne et de faire enfin connaître à la France, en lui révélant de tristes vérités, cette terre d'Afrique, objet jusqu'à ce jour de si séduisantes espérances et de si cruelles déceptions. »

Certainement il ne saurait venir dans la pensée de personne de douter de la sincérité du général Ducrot, et c'est pour cela même que son travail aurait les plus funestes effets pour l'Algérie comme pour la France, devenues aujourd'hui solidaires l'une de l'autre plus qu'on ne le pense, si les conclusions désolantes auxquelles il aboutit n'étaient basées sur d'anciennes vues et appréciations dont le temps et l'expérience ont fait justice, et aussi, il faut le dire, si elles ne révélaient un oubli à peu près complet des lois qui président au développement du travail de l'homme, source du bien-être et de la prospérité des nations.

Ce qui paraît avoir déterminé le général Ducrot à prendre la plume et à élever la voix « pour redresser l'opinion publique, qui lui semble singulièrement troublée et égarée  par les déclamations de quelques individualités qu'aveuglent les passions et les intérêts personnels, c'est d'avoir vu un avocat recevoir à Alger le sceptre de ses concitoyens et se proclamer Gouverneur général ! »

Nous ne nous ferons pas l'apologiste des troubles qui ont agité l'Algérie dans ces derniers temps, et des désordres qu'ils ont entraînés. Mais ce qui peut, non les justifier, mais les expliquer, c'est assurément la pensée qui domine dans l'écrit du général Ducrot, pensée qui n'est autre que celle qui a inspiré la lettre impériale du mois de juin 1865, lettre si maladroite et si impolitique; car c'est de cette époque que date véritablement le soulèvement de l'opinion publique contre l'empire et le régime militaire. Rien n'a pu la ramener, même chez les colons les plus modérés et les plus sages, ni les grandes qualités et le noble caractère du Gouverneur général, qu'on savait être opposé à cette lettre, ni les mesures qui l'ont suivie, et qu'il avait au contraire provoquées et obtenues, comprenant bien que leur réalisation, qu'il n'a cessé de poursuivre, devait avoir une influence décisive sur le sort de l'Algérie : nous voulons parler de l'allocation de 100,000,000 francs aux travaux publics et de la création de la Société algérienne.

Cette pensée peut se résumer en ce qui suit :

« En Algérie, la lutte entre les conquérants et les indigènes doit forcément être perpétuelle.

« Tout système qui a pour but le fusionnement et l'assimilation des indigènes n'a aucune chance de succès.

« La force seule peut dompter la nation arabe, et encore, est-il permis de supposer que les Français réussiront dans une entreprise où tant d'autres ont échoué : Carthaginois, Romains, Espagnols, n'étant pas dans de meilleures conditions qu'eux ?

« Dès lors pas de possibilité d'arriver à un développement rapide et complet d'une colonisation par les Européens, avant qu'on ait obtenu la soumission complète des Arabes et des Kabyles, » en un mot, avant qu'on soit arrivé à la paix par la solitude.

« D'ailleurs l'Algérie est aujourd'hui ce qu'elle était au temps de Salluste, au temps de Constantin ; elle présente dans son ensemble un sol d'une fertilité médiocre, dépourvu de cours d'eau flottables, de grandes forêts et même, sur d'immenses surfaces, de broussailles et de tout combustible ; un sol coupé par des ravins profonds qui, suivant les saisons, sont des cours d'eau torrentueux ou des plages de graviers désséchés, se prêtant fort difficilement à l'établissement de bonnes voies de communication.

« Sur son sol tourmenté et inégal, l'agriculteur n'a pas à lutter seulement contre les difficultés qu'il rencontre sous les autres climats, mais encore contre des fléaux désastreux qui trop souvent viennent détruire le fruit des plus durs labeurs et mettre à néant les plus belles espérances : tels que l'irrégularité des phénomènes climatériques ; une sécheresse exceptionnelle ; des pluies torrentielles ; dans certaines régions, la neige et la glace ; les inondations ; les sauterelles ; les mouches ; les épidémies ; les épizooties ; les tremblements de terre. »

Certes, le tableau est complet, et si le travail du général Ducrot vient à tomber dans les mains de nos compatriotes de l'Alsace et de la Lorraine qui, pour échapper à l'oppression de l'étranger, sont résolus à traverser la mer et à se réfugier là où flotte encore le drapeau national, il n'est pas fait pour les rassurer et les confirmer dans leurs patriotiques desseins.

S'il vient à être lu dans nos cités maritimes ou industrielles ; s'il parvient jusqu'à nos chambres de commerce, il ne faut pas s'attendre à ce qu'il donne grande confiance dans des entreprises ayant pour objet de créer ou d'étendre les rapports d'affaires et les échanges entre la colonie et la mère patrie.

Mais, hâtons-nous de le dire, ce tableau, dont les couleurs sont si assombries, n'est point fidèle.

Jusque dans ces derniers temps, et avec les meilleures intentions du monde, les généraux qui ont écrit sur l'Algérie, l'ont trop poétisée : l'Arabe et son coursier ; la diffa sous la tente des grands chefs ; les razzias ; les fantasias, etc. ont fait leur temps ; toutes ces brillantes fantaisies empruntées à l'Orient devaient perdre de leur attrait et disparaître au contact de notre civilisation, à la fois rude et bienfaisante, parce que, si elle tend à assujettir l'homme au travail, elle lui apprend aussi à rendre son travail fécond et productif ; à mieux en recueillir les fruits et à les répartir plus équitablement dans tous les rangs de la société.

Voilà ce que les généraux qui veulent bien encore écrire sur l'Algérie devraient comprendre, au lieu de se laisser aller au dépit et au découragement, toujours mauvais conseillers.

L'indigène, dit le général Ducrot, ne peut être dompté que par la force ; il en appelle aux souvenirs de Carthage et de Rome. Mais, si dans ces temps si éloignés de nous, les populations africaines n'ont cessé de lutter et de défendre leur indépendance par des révoltes toujours renaissantes, ne serait-ce point parce qu'à leur égard on n'aurait jamais employé que la force? pouvaient-elles accepter sans résistance cette dure domination romaine, qui ne tendait qu'à s'approprier le fruit de ses labeurs, et à procurer des esclaves et des gladiateurs au peuple-roi, toujours insatiable dans ses besoins et dans ses caprices? Nos mœurs, nos idées, notre civilisation, sont-elles aujourd'hui les mêmes? en sommes-nous encore à ne reconnaître que la force? les idées d'humanité, de justice, de charité fraternelle, n'ont-elles fait aucun progrès depuis le temps des Marius et des Césars? sont-elles enfin sans influence et sans effets, lorsqu'elles sont appuyées par la force et par l'intelligence?...

Si telle est la pensée du général Ducrot, nous lui demanderions du moins, qu'avant de persister à déclarer et à soutenir, avec l'autorité qui s'attache à sa personne, que tout fusionnement et toute assimilation sont impossibles entre la race africaine et la race européenne, il voulût bien aller de nouveau étudier ce que sont devenus les rapports entre ces races, non dans les tribus nomades du Sahara, mais dans les cités, les ports, les villages, les fermes, les chantiers. Il y verra mêlés à nos ouvriers et à nos colons, et vivant avec eux en bonne intelligence, ici des Kabyles, là des Marocains, là des Arabes. Peut-être aussi l'insurrection qui s'est déclarée au mois de février dernier, et qui n'a pu se soutenir que quelques mois, même au milieu de nos dissensions civiles et de la désorganisation de notre armée, loin de lui fournir un argument en faveur de sa thèse, viendra, au contraire, lui démontrer qu'un grand pas a été fait dans la voie d'apaisement et d'assimilation entre ces deux races.

Nous ne connaissons cette insurrection que très-imparfaitement et par les nouvelles incomplètes et décousues qu'en ont données les journaux français. Mais il est impossible, à toute personne un peu au courant de la situation de l'Algérie, de ne pas être frappée de ces faits : ce n'est que plusieurs mois après la destruction de nos armées, et les troubles qui ont agité la colonie et amené le renversement de presque toutes les autorités, que les Arabes se sont insurrectionnés ; et loin d'être générale, cette insurrection ne s'est étendue ni aux indigènes qui, sur le territoire civil, sont en contact journalier avec les Européens, ni même aux indigènes qui habitent les parties du territoire militaire sillonnées par un réseau de bonnes routes ; ainsi la paix n'a été troublée ni dans la vallée du Chélif, ni dans les vallées affluentes ; elle ne l'a pas été dans la vaste contrée qui s'étend entre la Calle, Bône, Constantine et Philippeville, mais elle a éclaté et elle s'est développée dans la petite et dans la grande Kabylie, où il n'existe encore que quelques tronçons de routes en voie de construction. C'est là seulement que l'influence des chefs l'a emporté. C'est un dernier effort qu'ils ont voulu tenter avant de laisser la ci-

vilisation européenne pénétrer jusqu'à leurs foyers et affai-
blir, si ce n'est détruire leur puissance[1].

Que la France continue de marcher dans la voie de fer-
meté de justice et d'humanité qu'elle s'est tracée ; qu'elle
emploie, autant que ses ressources peuvent aujourd'hui le
lui permettre, ce moyen puissant d'apaisement et de paci-
fication : l'ouverture de routes et de ports, et le succès ne
manquera pas de répondre à ses efforts, car le propre de ces
grands travaux est, à la fois, de donner aux populations
qu'on veut s'assimiler le sentiment d'une prompte et iné-
vitable répression de tout désordre, et de calmer les fer-
ments de révolte qui germent toujours dans les masses, en
leur procurant par l'échange des produits de leur travail
et par la sécurité de leurs personnes, un bien-être et des
jouissances jusqu'alors inconnus.

Les appréciations du général Ducrot, en ce qui concerne
l'influence du climat et la nature du sol en Algérie, nous
paraissent encore plus contestables. Nous avons aussi ha-
bité et parcouru cette colonie, ayant à nous occuper des
travaux publics qui s'y exécutaient ; eh bien, l'impression
qui nous en est restée est toute différente de celle qu'il a
emportée ; non que l'Algérie nous soit apparue comme un
nouvel Eldorado renfermant dans son sein, pour le livrer
avec abondance au travail d'une population, sinon esclave,
du moins souple et docile comme celle de l'Inde, des mines
d'or ou ces précieux produits des régions tropicales, tou-

---

[1] Le général Ducrot, et avec lui bien d'autres personnes, donnent pour prin-
cipale cause à l'insurrection la naturalisation des israélites ; il en est peut-
être de cela comme de la raison donnée par les partisans de la Commune
pour motiver leur révolte contre l'autorité légitime du pays. D'autres personnes, que nous tenons pour bien informées, ne sauraient tout au plus y
voir qu'un mauvais prétexte, puisque la naturalisation, si elle n'est imposée,
est du moins offerte aux indigènes musulmans. Elles croient tout simplement
que la levée de boucliers n'a été qu'une occasion pour les chefs de se débar-
rasser de leurs dettes, et, pour la multitude, de brûler de la poudre et de
piller quelques fermes et quelques villages.

ours si recherchés et si estimés ; nous ne ferons même aucune difficulté pour reconnaître qu'on ne peut pas compter y réaliser en peu de temps des fortunes extraordinaires, comme on en a attribué aux anciens colons de Saint-Domingue, ou comme on en voit surgir encore dans les placers de l'Amérique ou de l'Australie. Mais ce qui est vrai et certain, c'est que, sur presque toute l'étendue du versant méditerranéen de cette contrée qu'on nomme le Tell, et qui comprend jusqu'à 14,000,000 d'hectares, le climat a la plus grande analogie avec celui du sud-est de la France ; c'est que, s'il existe encore sur quelques points de cette contrée des marais à dessécher et des terrains à assainir, on ne saurait rien y trouver qui puisse se comparer aux embouchures du Tibre et de l'Arno, et même au littoral de la Méditerranée, des bouches du Rhône jusqu'à Cette ; c'est que les sauterelles, les tremblements de terre et autres fléaux n'y sont pas plus fréquents ni plus désastreux que la grêle dans nos départements du Midi, les inondations dans nos départements du Centre, et les pluies et les glaces dans nos départements du Nord de la France.

Du reste, pour se former une opinion à cet égard, on ne saurait mieux faire que de consulter les cahiers de l'enquête agricole qui a été ouverte en 1868. Au milieu de beaucoup d'exagérations et de divagations, on y trouvera des renseignements très-précieux, des observations pleines de bon sens et de raison, des réclamations justes et fondées. Cette enquête s'est étendue aux trois provinces. Dans presque tous les centres de colonisation, les Européens et les Indigènes sont venus exprimer leurs vœux et leurs doléances. La colonie venait de subir deux fléaux ; les sauterelles, en 1866, et la sécheresse, en 1867. Eh bien, nulle part ne se sont fait entendre des paroles de découragement à propos de l'insalubrité du climat ou de l'infertilité du

sol ; nulle part on ne voit percer la pensée qu'on ne peut
lutter contre les fléaux dont parle le général Ducrot. Abs-
traction faite de récriminations trop personnelles, les plaintes et les demandes des colons se réduisent à ceci :

Les concessions de terres (de 10 à 12 hectares en moyenne)
ont été trop restreintes. La terre manque aujourd'hui que
les familles se sont accrues et acclimatées ; on aspire donc
partout à se procurer de nouvelles terres, soit par de nouvelles concessions, soit par des achats à l'État ou aux Indigènes ; à cet effet, on demande au Gouvernement général
de hâter, autant que possible, la constitution de la propriété
privée chez les Indigènes, de manière à rendre faciles et
sûres les transactions avec eux.

On s'étend sur les difficultés et les obstacles que les colons ont rencontrés pour leurs entreprises agricoles dans
le haut prix de l'instrument de travail, le capital, et on
demande la création de banques et comptoirs qui puissent
fournir à l'agriculteur, à un taux modéré, les facilités et
l'aide que le commerçant et l'industriel trouvent dans la
Banque d'Algérie.

On demande, et c'est surtout dans les centres de populations qui forment des îlots de territoire civil épars dans le
territoire militaire, une protection plus efficace contre le
maraudage et le vol des récoltes, et aussi pour la sécurité
des personnes. Cette dernière demande, il faut le reconnaître, n'était pas sans fondement. La police rurale en Algérie s'exerce par quelques gardes champêtres et par la
gendarmerie. Or, la gendarmerie, qui comptait 130 hommes
lors du débarquement à Sidi-Ferruch, en 1830, et qui
est restée chargée de la police de l'armée, ne présentait,
en 1868 qu'un effectif d'à peine 700 hommes, officiers,
sous-officiers et soldats, et défense était faite aux gendar-
mes comme aux gardes champêtres de franchir les limites du

territoire civil pour atteindre, sans autorisation préalable des officiers du cercle, les voleurs et les maraudeurs qui s'étaient réfugiés en territoire militaire[1].

D'un autre côté, qu'on consulte les tableaux du commerce général de l'Algérie, depuis l'année de la conquête. A cette époque, et dans les vingt premières années qui l'ont suivie, le chiffre de ses exportations n'a pas dépassé 4,000,000 francs, tandis que celui des importations s'est élevé de 5,000,000 francs, à 90,000,000 francs. Mais à dater de 1850, la conquête se trouvant assurée, et la colonie européenne, munie de l'outillage le plus indispensable pour son travail, les exportations ont rapidement progressé, de manière à dépasser dès 1865 la somme de 100,000,000 francs. Le chiffre des importations s'est lui-même accru de 90,000,000 francs, à 180,000,000 francs. Si on rapproche ces chiffres, des chiffres donnés dans les états de la douane pour le commerce général de la France, avec tous les pays du globe, on voit que la somme de ses transactions avec l'Algérie dépasse celle de ses transactions, soit avec la Russie, soit avec les autres colonies française réunies ; soit avec toutes les autres parties de l'Afrique, baignées par la Méditerranée et l'Océan. (Voy. le tableau C, ci-annexé.)

Est-ce donc une terre d'une fertilité médiocre et dépourvue de ce qui peut la rendre habitable et productive, l'eau et les arbres, que cette terre d'Algérie qui a permis à un petit nombre de colons européens (Français et étrangers), d'arriver en quelques années à un pareil résultat? Quelles preuves de sa fécondité et de sa salubrité pouvait-elle donner qui soient plus convaincantes ?

---

[1] Nous devons nous hâter de dire que, sur les premières plaintes qui lui sont parvenues à cet égard, M. le maréchal de Mac-Mahon s'est empressé de donner des ordres pour y faire droit.

On peut donc le dire : l'expérience aujourd'hui se trouve faite ; elle a été, sur plusieurs points, dure et pénible. Mais enfin elle a démontré que si, dans le Tell, le sol algérien exige de rudes labeurs, il ne se refuse pas à les rémunérer largement ; elle a démontré que, partout où le travail de l'homme le lui demande, il peut fournir des bestiaux pour la boucherie, des laines, du coton, des céréales, de l'huile, des fruits de table, des légumes, du tabac en feuilles, du lin, des minerais de fer, etc. Or, d'après les tableaux publiés par l'Administration des douanes, la France dépense, année moyenne, pour sa propre consommation de 6 à 700,000,000 francs de ces produits.

L'Algérie n'est encore parvenue à lui en fournir que pour près de 70,000,000 francs. Un vaste marché national reste donc ouvert à son activité et elle ne saurait manquer de s'en emparer, en peu d'années, au grand avantage de la mère patrie, si on renonce à des discussions et à des agitations qui ne couvrent le plus souvent que des compétitions de pouvoir et d'influence ou des appétits désordonnés, pour se livrer, résolûment, de part et d'autre, colons et indigènes, aux travaux de la terre. Nous n'avons pas parlé des produits de la vigne, dont la culture, qui remonte à peine à quinze ou vingt ans, couvre déjà 12,000 hectares, donnant aujourd'hui de 50 à 80 hectol. de vin, parce que la France sous ce rapport, n'a rien à demander à l'étranger. Nous ne nous arrêterions pas également sur les plantes textiles que l'Algérie peut fournir, si un fait tout récent ne venait démontrer de nouveau qu'on est loin de connaître toutes les sources de richesses que renferme le sol africain. Sur ces surfaces de terrain qui ont apparu au général Ducrot dénudées même de broussailles, d'autres personnes plus exercées à rechercher les moyens de satisfaire aux besoins si multipliés de notre civilisation, ont su découvrir une plante jugée jusqu'alors sans valeur, et devenue aujourd'hui l'objet d'un commerce des plus actifs ; nous voulons parler de l'alfa ou sparte. L'Espagne en avait conservé le monopole ; mais à peine le port d'Oran a-t-il été ouvert aux bâtiments à vapeur ; à peine a-t-il été relié par de bonnes routes et une voie de fer, aux plateaux qui renferment ces surfaces dénudées, que les Anglais, toujours empressés à étendre leur commerce, sont venus acheter, pour en faire du papier et des étoffes, en 1869, 150,000, quintaux de cette plante, et en 1870, jusqu'à 430,000 quintaux qui, au prix de 14 ou 15 francs le quintal métrique, sous palan, laissent dans le pays 5 à 6,000,000 francs. Aussi voit-on ces terrains dénudés s'affermer aujourd'hui de 8 francs à 12 francs l'hectare [1].

Ce qui manque à l'Algérie pour être appréciée, c'est d'avoir été bien étudiée au point de vue économique. Elle n'est encore guère connue que comme le théâtre de luttes héroïques. Notre amour-propre national s'en est trouvé

---

[1] En 1871, l'exportation de l'alfa dans les ports d'Oran et d'Arzew sera probablement de 600,000 quintaux, car au 1er août elle s'élevait déjà à 350,000 quintaux.

Des entrepôts considérables d'alfa et de diss se sont créés à Londres et à Newcastle, et il est à craindre que nos industriels français ne se trouvent obligés d'aller s'y approvisionner quand, à leur tour, ils éprouveront la nécessité de recourir à ces plantes textiles pour la fabrication du papier, dont le prix tend chaque jour à s'élever.

Ce serait très-préjudiciable aux intérêts français, alors surtout qu'avec une dépense relativement faible, on peut faire du port d'Alger un grand entrepôt de ces matières pour la métropole, pour l'Italie et pour l'Autriche. A 240 kilomètres environ au sud de cette ville, il existe au delà du Tell d'immenses plaines couvertes d'alfa et de diss. Le transport de ces plantes jusqu'au port d'embarquement ne peut aujourd'hui s'effectuer que par la route nationale d'Alger à Laghouat, en empruntant le chemin de fer d'Alger à Oran, sur 50 kilomètres environ. Or, en raison des longues rampes de la route qui s'élève, à Medeah, à près de 900 mètres au-dessus du niveau de la mer, les prix de ransport pour les marchandises de cette nature dépassent ce que le commerce peut leur accorder. Il en serait autrement si on pouvait user d'une route allant d'Affreville, gare du chemin de fer, à Boghari, par Amourah et la vallée du

flatté et rien de plus légitime ; mais, tout en conservant religieusement le souvenir de cette glorieuse conquête, le temps est aujourd'hui venu de descendre dans des régions moins élevées, pour rechercher tout simplement, tout prosaïquement, le parti que la France peut retirer de ce qui lui a coûté tant de sang et tant d'argent; à défaut de poésie, cette recherche aura aussi son prix, si elle aboutit à démontrer que le jour n'est pas éloigné où la France d'outremer pourra aider la mère patrie à se relever de la crise effroyable qu'elle traverse.

Le titre de la brochure de M. Behaghel nous avait fait espérer d'y trouver une réponse à celle du général Ducrot, appuyée de documents propres à inspirer la confiance dans l'avenir de l'Algérie.

Sa lecture nous a promptement détrompés. C'est une œuvre patriotique qui a principalement pour objet de rappeler les services glorieux de l'armée. Ses luttes, ses combats, ses victoires et ses revers ; les régiments qui y ont

Chelif. Mais il existe malheureusement une lacune de 40 kilomètres à ouvrir. Qu'on fasse disparaître cette lacune, et les frais de transport par cette voie s'abaisseront d'environ 1 franc par quintal. La dépense que la construction de cette lacune occasionnera se trouvera donc promptement couverte par les profits que la colonie retirera d'un mouvement commercial de 600,000 à 1,000,000 de quintaux d'alfa dans le port d'Alger, et l'État lui-même en bénéficiera parce que le supplément de recette que ces transports apporteront au chemin de fer, emprunté sur 120 kilomètres, viendra réduire la charge de la garantie d'intérêt qu'il a accordée à la Compagnie de Paris-Lyon-Méditerranée pour la moitié de la dépense que les chemins ont coûtée.

L'alfa est coté aujourd'hui sur les marchés anglais de 18 francs à 21 francs le quintal, suivant la qualité.

Si les travaux d'ouverture de route dont nous venons de parler s'exécutent, l'alfa pourra parvenir aux usines placées dans la vallée du Rhône et même dans celle de la Garonne, à des prix inférieurs aux prix anglais d'au moins 10 pour 100.

Que nos industriels y avisent donc, et, pour s'assurer de nos assertions à cet égard, qu'ils aillent voir, au palais de l'Industrie, dans la salle affectée à l'exposition permanente des produits des colonies, des échantillons de papier de diverses qualités fabriqué en Angleterre avec de l'alfa et du diss.

pris part ; les noms des généraux qui l'ont commandée, tout y est inscrit avec une exactitude religieuse. Mais quant aux ressources du pays, aux conditions où se réalisent aujourd'hui ses produits, et où s'effectuent les échanges et les transactions avec la métropole et l'étranger, il en est autrement. Les renseignements qui y sont donnés sont parfois incomplets et insuffisants, et parfois en désaccord avec l'état actuel des choses. Ainsi, dans les lignes consacrés aux travaux publics, l'auteur, pour rehausser les services et les mérites de l'armée, représente l'Algérie comme sillonnée par un réseau de 4,000 kilomètres de routes larges et régulièrement tracées, qui auraient été ouvertes par nos soldats. Certainement, il importe peu à la France et aux nations qui commercent avec l'Algérie, que les routes et autres travaux publics y soient exécutés par les soins et sous la direction du génie militaire ou du génie civil, pourvu que ces routes soient tracées et que ces travaux soient effectués dans les conditions que réclame l'économie des transports et des échanges ; mais ce que le commerce de tous les pays croit, et jusqu'à présent ce n'est pas tout à fait à tort, c'est que les ouvrages exécutés pour les besoins et par les soins de l'armée ne sont pas généralement appropriés à ses propres besoins, et ne peuvent lui servir que très-imparfaitement à étendre ses opérations ; il n'est donc pas indifférent de lui apprendre que les grandes routes qui, malheureusement, sont loin d'atteindre encore une longueur de 4,000 kilomètres, se construisent en Algérie, depuis plusieurs années, par les mêmes ingénieurs et dans les mêmes conditions que les routes de France ; que ces routes se raccordent à un réseau de 500 kilomètres de chemins de fer également établis dans les mêmes conditions que les chemins de fer en France ; de le prévenir enfin, ne serait-ce qu'en vue des frais d'assurances maritimes, qu'aujourd'hui le littoral se trouve éclairé par des phares dont les feux se croisent et que des ports à la fois de refuge et de chargement viennent d'être ouverts sur les points les plus dangereux, comme Tenez, Philippeville, et la Calle, indépendamment des grands ports créés à Oran, Arzew, Alger et Bône.

Pour donner une idée un peu exacte des richesses minéralogiques de la colonie, il ne faut pas se contenter de citer les « mines exploitées par la Compagnie Talabot et par la Com- « pagnie Girard et Nicolas et surtout d'ajouter qu'une usine « métallurgique est établie à l'Allelick, là où se trouve « aussi un dépôt d'étalons. » Cette usine, créée d'après des études trop légèrement faites et sur une fausse appréciation des conditions qui pouvaient en assurer le succès, est éteinte depuis plusieurs années. Mais la mine qui devait l'alimenter fournit aujourd'hui à nos usines de France jusqu'à 250,000, tonnes par an d'un minerai de fer qui, pour les qualités et le rendement, ne trouve d'égal que dans les meilleurs minerais de la Suède et de l'île d'Elbe, et elle donne de grands bénéfices à la Société industrielle qui l'exploite. Ainsi la même affaire est tour à tour pour les personnes qui l'entreprennent : ruineuse quand elle est mal engagée, et fructueuse lorsqu'elle est conduite avec intelligence, et, ajoutons aussi, avec l'outillage que comportent l'exploitation d'une mine et le transport de ses produits à l'aide de la vapeur, soit sur terre, soit sur mer. C'est là, à peu près, l'histoire de presque toutes les entreprises de recherches ou d'exploitation de mines en Algérie. Si on l'étudie avec soin, on ne tarde pas à voir que la cause des nombreux insuccès qui ont eu lieu, et qui ont jeté un si grand discrédit sur la colonie, ne peut être attribuée, ni au sol, ni au climat, ni à la pauvreté des filons, mais bien à l'ignorance, à l'incurie ou à la dilapidation des capitaux qui s'y sont engagés.

Des renseignements plus exacts et plus précis se trouvent, il est vrai, dans les tableaux de la situation des établissements français en Algérie que le Gouvernement général a fait publier pendant plusieurs années consécutives; mais outre que la publication de ces tableaux a été peu répandue, elle s'arrête à l'année 1866, et, par conséquent, elle ne comprend pas les années qui, par les épreuves que la colonie a eu à supporter et par les changements qu'elle a subis par suite de l'exécution de grands travaux, donneraient les renseignements les plus instructifs. Cette publication a, d'ailleurs, le grand inconvénient de se présenter avec l'attache du ministère de la Guerre. La partie toujours très-considérable qu'elle consacre aux expéditions et à la statistique de l'armée, loin d'exercer de l'attraction, donne au contraire de la méfiance à nos commerçants et à nos industriels. C'est à tort, sans nul doute; mais il en est ainsi et de longtemps, croyons-nous, cet état des esprits ne se modifiera pas. Le commerce et l'industrie, comme l'agriculture, ont leur langue, leurs vues, leurs idées, leurs préjugés, si on veut. Il faut bien en tenir compte, quand on a besoin de les attirer et de les fixer pour les faire servir à une grande œuvre de civilisation,

Il est donc à désirer que le gouvernement fasse faire une étude approfondie de la question algérienne, non-seulement au point de vue de la forme de gouvernement ou d'administration à adopter pour cette colonie; mais au point de vue de la place que l'Algérie occupe déjà, et qu'elle peut occuper dans le travail national, agricole et industriel. Plus que tout autre gouvernement, le gouvernement de la République peut écarter de cette étude toute influence d'intérêts particuliers, et la dégager de ces luttes du pouvoir militaire et du pouvoir civil, qui ne sont, après tout, que des luttes de personnes dont les intérêts généraux du pays souffrent toujours.

Nous croyons donc, nous aussi, faire acte de bon citoyen, en exprimant le vœu que cette étude soit confiée à une commission formée, non de personnes préoccupées, les unes, de la défense d'un passé qui a eu sa raison d'être et dont il y aurait injustice à ne pas reconnaître les services ; les autres, de positions à conserver ou à acquérir ; mais bien de personnes complétement désintéressées, et en outre familières avec les questions économiques ; de députés ; de membres de nos chambres de commerce ; d'administrateurs de nos grandes compagnies, etc. Cette commission recueillerait et coordonnerait les documents qui existent déjà ; elle pourait les compléter sur les lieux mêmes ; elle pourrait encore se procurer des renseignements d'une grande valeur sur les moyens que les Hollandais dans les îles de la Sonde, et les Anglais dans l'Inde, ont été amenés à adopter, après beaucoup de tâtonnements et d'insuccès, pour arriver à rendre ces colonies florissantes et fructueuses pour la métropole, tout en améliorant le sort des populations indigènes.

Le travail de cette commission, son jugement et ses appréciations sur la question algérienne exerceraient inévitablement une grande influence sur l'opinion publique en France ; si, comme nous le croyons, ils sont favorables à l'Algérie, ils auraient pour effet d'inspirer de la confiance dans son avenir et de donner enfin un grand essor aux transactions et aux entreprises agricoles et industrielles qui entraîneront forcément avec elles un accroissement dans la population européenne.

Le Gouvernement lui-même y trouverait probablement des indications utiles pour se fixer sur la forme de gouvernement et d'administration qui convient le mieux à cette colonie. Que sait-on? Les faits qui seront signalés et sur lesquels il n'y aura plus de contestations possibles, l'amèneront peut-être à reconnaître qu'avec le caractère français, le moyen le plus sûr d'arriver à mettre un terme à ces luttes ardentes du civil et du militaire, ce serait de créer sur le littoral quatre ou cinq départements administrés comme nos départements; bien compactes et pourvus d'une nombreuse gendarmerie, et de laisser en dehors de ces départements, nos généraux gouverner les populations indigènes; assurer notre domination sur elles, ainsi que la sûreté des rapports et des transactions entre les deux territoires, et préparer enfin ces populations à recevoir à leur tour, autant que leur religion et leurs mœurs peuvent s'y prêter, les bienfaits de notre civilisation.

Paris, le 17 septembre 1871.

APPENDICE

———

L'impression que la lecture de la brochure du général Ducrot
a produite sur nous a été telle, que nous avons pensé qu'il con-
venait, dans un moment où il était question d'attirer en Algérie
de nos compatriotes lorrains et alsaciens[1], qu'une réponse y fût
promptement faite, dût cette réponse être sommaire et même
insuffisante. C'est ce qui nous a déterminé à prendre nous-même
la plume, nous réservant de compléter et d'affirmer notre réponse par un nouveau travail consacré à l'examen de la grande
enquête agricole ouverte en 1868, et à l'exposé de la situation
matérielle faite à l'Algérie par les travaux d'utilité publique exécutés jusqu'à ce jour. Mais on nous a fait observer, et c'est avec
raison, que les opinions que nous venions combattre étaient sur
quelques points présentées en des termes si péremptoires, que
dans l'état de méfiance de l'opinion publique en France, à l'égard
de l'Algérie, on ne saurait en paralyser les effets qu'en leur op-
posant des faits positifs et des chiffres puisés à des sources certaines ou officielles.

Nous ajouterons donc à notre premier travail les observations

———

[1] Le village si prospère de Vesoul-Benian, sur la route d'Alger à Milianah,
anjourd'hui à 3 on 4 kilomètres du chemin de fer, en majeure partie peuplé
par une colonie venue du département de la Haute-Saône en 1853, témoigne
de ce que des travailleurs lorrains ou alsaciens ne peuvent manquer de réaliser si on les place dans des conditions analogues.

qui suivent, incomplètes encore, mais qui, du moins, peuvent
ouvrir la voie à de nouvelles études sur la question algérienne par
des personnes plus autorisées que nous en cette matière.

On lit à la page 50 de la brochure du général Ducrot :

« A défaut de grandes compagnies, qui n'ont d'ailleurs donné
aucun résultat dans ce pays ; à défaut de grands industriels,
l'État devrait... »

En écrivant ces lignes, le général Ducrot a eu sans doute en
vue les compagnies, en petit nombre heureusement, qui se sont
formées pour l'exploitation des mines en Algérie ; il est vrai que
pour quelques-unes de ces entreprises, l'insuccès a été complet ;
elles n'ont servi qu'à semer des ruines, sauf pour quelques personnes qui savent toujours s'assurer des bénéfices dans les plus
mauvaises affaires. Mais conclure de là que l'association des
capitaux ne peut produire en Algérie rien de bon, ce serait com-
mettre une grande erreur. Avant de prononcer un tel jugement,
il convient de s'enquérir des causes réelles de ces premiers insuccès ; de rapprocher les temps où ces affaires ont été créées
et patronnées du temps où nous nous trouvons ; les conditions
où l'Algérie était alors placée, des conditions où elle est aujour-
d'hui. Ces affaires ont surgi prématurément ; pour toute personne un peu expérimentée, elles ne renfermaient aucune raison,
aucune chance de réussite ; comment, en effet, pouvait-on compter exploiter avec quelque fruit des mines dont les produits devaient, faute de combustible, être traités en France, lorsque ces
mines, placées dans des gorges de montagnes où la sécurité
n'existait pas encore, étaient séparées des ports d'embarquement par de grandes distances de 100 à 150 kilomètres, sans
routes empierrées, sans ponts sur les rivières, etc., etc. En vérité, on est à se demander comment il a pu se trouver des personnes sérieuses qui aient osé mettre ces projets en avant, et
des capitalistes assez aveugles et assez crédules pour leur confier
leur argent.

Mais toutes les compagnies n'ont pas été conduites ainsi, et il
en est plus d'une qui prospère et qui aide efficacement au développement de la colonie, en lui fournissant les moyens de multiplier les productions de son sol, et d'en disposer pour accroître
le bien-être de tous (Européens et indigènes), et, par suite, la
richesse publique. Entre autres, nous pouvons citer :

La *Compagnie de Paris-Lyon-Méditerranée*, concessionnaire des chemins de fer algériens, qui a exécuté en peu d'années, et mis en exploitation, au grand avantage des trois provinces, un réseau de 500 kilomètres. Nous regrettons de ne pouvoir donner ici le tableau de ses recettes depuis l'ouverture de la première section ; le Gouvernement, selon nous, ayant le tort de ne pas exiger de cette compagnie la publication régulière des recettes, et aussi de ne pas comprendre ces chemins dans les tableaux et dans la statistique centrale des chemins de fer, que le ministère des travaux publics publie chaque année, comme si les chemins de fer algériens n'étaient pas des chemins de fer français ?

La *Compagnie des mines de fer magnétique de Mocta-El-Hadid*, qui a succédé à la Société des hauts fourneaux de l'Allelik, et qui, par la construction d'un chemin de fer de 50 kilomètres et par son entente avec une société maritime, est parvenue à assurer l'exportation annuelle de 200,000 à 300,000 tonnes d'un minerai aujourd'hui nécessaire pour améliorer la qualité des fers et aciers de nos usines en France.

En échange, l'Algérie demande à ces mêmes usines jusqu'à 16,000 à 20,000 tonnes de fer et fonte par an, pour la construction de ses ponts, conduites d'eau, édifices, outils, etc.

La *Compagnie genevoise des colonies de Sétif*, qui, concessionnaire d'environ 20,000 hectares, est parvenue, malgré les difficultés et les obstacles qui ont résulté pour elle du manque de routes jusqu'à ces derniers temps, à installer et à fixer sur ses terres, comme fermiers ou comme métayers, 428 Européens et 2,917 indigènes, vivant en bonne intelligence et s'entr'aidant mutuellement [1].

[1] Le Compte rendu aux actionnaires du mois de mars 1870 s'exprime, sur les rapports des Européens et des indigènes, ainsi qu'il suit :

« Attirés par l'exemple de nos cultivateurs européens, dont la situation est bien préférable à la leur, les Arabes du Sud et de la Medjana nous sollicitent de les accepter comme métayers ou fermiers... Ce contact des deux races, qui développe les indigènes et qui tend à les civiliser, a pour conséquence forcée l'amélioration de leur sort; mais il nuit aux intérêts des chefs, qui perdent ainsi une population corvéable et qui voient leurs subordonnés s'instruire, s'enrichir et s'émanciper. »

La *Société de l'Habra* qui, en échange de 20,000 hectares de terres concédées dans la province d'Oran, a construit un barrage pour recueillir et emmaganiser les eaux de cette rivière e les employer en irrigations au moyen d'un vaste réseau de canaux.

La *Société générale algérienne*, à laquelle on a pu d'abord adresser des reproches de temporisation et de lenteur, et qui, maintenant est en voie de réaliser ses projets de colonisation par la création de deux villages aux environs de Bône, et de trois, entre Guelma et Constantine. Par l'exploitation du jardin d'essai du Hamma, près Alger, cette société a donné une grande extension au commerce des arbres à fruit, ainsi que des végétaux indigènes et exotiques à feuille ornementale, qui sont si recherchés dans toute l'Europe. Mais c'est surtout comme établissement de crédit que cette société a opéré jusqu'à présent. Elle a aujourd'hui des comptoirs à Alger, à Bône, à Constantine, à Oran et à Marseille, centre principal des relations entre la France et la colonie. Dans l'année 1869, le chiffre de ses opérations dans ces comptoirs a été d'environ 100,000,000 francs, et dans l'année 1870, malgré les tristes événements qui se sont succédé, ce chiffre s'est élevé à 145,000,000 francs[1].

[1] La Société générale algérienne a été créée par une loi du mois de juillet 1865. Elle s'est engagée : 1° à réaliser en obligations jusqu'à une somme de 100,000,000 de francs, pour l'appliquer à des entreprises industrielles et agricoles en Algérie, telles qu'exploitation de mines, de terres, de forêts; exécution de barrages et canaux d'irrigation; établissements d'usines, etc., etc.; 2° à verser au trésor public, à titre de prêt à l'État remboursable par annuités une autre somme de 100,000,000 de francs, pour servir à l'exécution de grands travaux d'utilité publique, routes, ports. etc., etc.

Sur cette dernière somme, la Société a déjà versé 75,000,000 de francs, qui, à deux ou trois millions près, ont été employés jusqu'à ce jour conformément à un programme dressé par une commission spéciale et approuvé par le gouverneur général; ils ont servi : à construire, avec chaussées et ponts, de 700 à 800 kilomètres de lacunes que présentaient encore les artères principales de la colonie, et à compléter, sur une longueur à peu près égale, les empierrements et les ouvrages d'art de routes et chemins déjà existants; à porter de neuf à vingt et un le nombre des phares qui éclairent le littoral algérien; à prolonger les digues et les quais des ports d'Oran, d'Alger et de Bône, de manière à rendre ces ports accessibles même aux flottes de la marine militaire; à entreprendre, à Arzew, à Tenez, à Philippeville et à la Calle, des ouvrages aujourd'hui assez avancés pour pouvoir offrir un refuge dans les mauvais temps (voy. les tableaux D et E, relatifs aux mouvements dans les ports français et algériens); à remettre en état ou à construire à nouveau des barrages

La *Banque d'Algérie*, qui a aussi des succursales à Bône, Constantine et Oran, a élevé le chiffre de ses opérations dans l'exercice 1868-1869, à 112,000,000 francs, et celui de ses billets en circulation à 10,300,000 francs.

Nous ne connaissons pas les chiffres qui concernent le dernier exercice de 1869-1870.

L'action simultanée de ces deux sociétés financières, auxquelles il faut joindre celle du *Crédit foncier de France*, dont les prêts en Algérie atteignaient à la fin de 1869 la somme de 16,000,000 francs, a eu pour effet de faire baisser de 6 à 4 pour 100 le taux de l'escompte du papier sur France, et dans une proportion à peu près aussi forte, le loyer de l'argent en Algérie [1].

---

de dérivation ou des barrages-réservoirs sur les rivières de la Mina, du Chelif, de la Chiffa, du Hamiz ; à doter de conduites d'eau ou de puits artésiens plusieurs centres de population ; enfin à opérer sur plusieurs points des semis et des reboisements, etc., etc. Tous ces travaux, exécutés dans ces dernières années, sous le gouvernement du maréchal de Mac-Mahon, concordant avec la mise en exploitation de 500 kilomètres de chemins de fer, ont apporté dans le régime économique de l'Algérie des changements déjà très-sensibles, et ils ne sauraient manquer de produire tous leurs effets si l'État peut leur affecter les 25,000,000 de francs restant à verser par la Société algérienne. Voilà des transformations et améliorations dont les personnes qui ont quitté la colonie depuis cinq à six ans peuvent bien ne pas se rendre compte.

[1] Nous pourrions encore citer, bien qu'elles aient leur siége en France, les sociétés maritimes, telles que la Compagnie des messageries générales ; la Compagnie Valery ; la Compagnie de navigation mixte ; la Compagnie des transports maritimes, etc., dont les opérations ont pour objet, du moins en très-forte partie, les transports par navires à vapeur, des marchandises et des voyageurs entre la métropole et la colonie. On compte par semaine, jusqu'à quatorze départs des ports de Marseille et de Cette pour les ports algériens. Le nombre des retours des ports algériens dans les ports français est naturellement égal. Quelques-unes de ces traversées s'effectuent par des paquebots à puissantes machines qui franchissent en trente-six heures la distance de 800 kilomètres, de Marseille à Alger. Les départs de ces bateaux correspondant à l'arrivée des trains express du chemin de fer de Paris-Lyon, permettent aux voyageurs de débarquer sur les quais du port d'Alger, soixante heures après avoir quitté Paris.

Nous pourrions également citer les sociétés qui ont posé les deux câbles télégraphiques qui relient en ce moment la France et l'Algérie.

Cette régularité et cette multiplicité des relations entre la France et l'Algérie attestent la sécurité que la navigation rencontre aujourd'hui sur le littoral africain. Qu'on est loin, sous ce rapport, du temps où Salluste le signalait comme inhospitalier, et dénué de ports, ce qui, d'ailleurs, était encore parfaitement vrai, lorsque les Français ont abordé à Sidi-Ferruch, en juin 1830 !

Il faut donc bien se garder de décourager et surtout de repousser de l'Algérie les entreprises basées sur l'association des capitaux. Elles ont produit, dans ces dernières années, un très-grand bien et elles peuvent et doivent en produire un plus grand encore.

Dans la page 41 de la même brochure, il est dit :

« Le Sud, au moins dans sa plus grande partie, est un pays maudit, condamné à une éternelle aridité, à une immobilité absolue.

« L'irrégularité des pluies, non moins que des chaleurs torrides, rend impossible dans la partie parcourue par nos tribus la multiplication des grands troupeaux. Le manque absolu d'eau, tantôt dans une zone et tantôt dans une autre, condamne les populations sahariennes à la vie nomade, car elles sont obligées de rechercher les pâturages où les pluies font pousser l'herbe indispensable à la nourriture de leurs troupeaux.

« Si, comme cela n'arrive que trop souvent, les pluies viennent partout à manquer, il se produit alors de terribles épizooties qui, en quelques semaines, en quelques heures, enlèvent les trois quarts des troupeaux. Depuis trente-quatre ans, on avait pu constater que cette terrible maladie avait onze fois exercé ses ravages. »

Si, en écrivant ces lignes, l'honorable député de la Nièvre a eu en vue la contrée saharienne qui s'étend au delà des limites de la domination française, nous ne nous y arrêterons pas. Mais s'il les applique au Sahara algérien à cette contrée qui commence là où finit la région montagneuse qu'on nomme le Tell[1], nous n'hésitons pas à dire qu'il y a exagération et erreur de sa part.

Nous pourrions nous borner à lui opposer M. Behaghel qui, à la page 71 de son ouvrage, s'exprime ainsi qu'il suit :

« Le Sahara algérien n'est point un désert de sable nu, infécond, maudit, parcouru par des bêtes féroces ; c'est un pays de landes, de pâturages, d'oasis, de ruisseaux, de ravins et de mamelons, qui renferme des populations sédentaires ou nomades,

---

[1] Le Tell finit, et le Sahara algérien, comprenant la zone des steppes et celle des oasis, commence à 290 kilomètres environ de Bône, 110 kilomètres d'Alger et 90 kilomètres d'Oran.

également attachées au sol natal ; il est divisé en deux parties
par les groupes du grand Atlas. La partie septentrionale est un
pays de landes, généralement infertile, inhabité, traversé par de
rares cours d'eau...

« La partie méridionale est un pays abondant en eaux souter-
raines, et rempli d'oasis. Elle se compose de grandes plaines et
de larges bassins...

« La ligne des oasis forme donc comme une crête naturelle de
partage où commence, à proprement parler le désert, vaste solitude... »

C'est M. Behaghel qui, certainement, est dans le vrai. Avant
les troubles qui agitent encore ces contrées, les oasis dont il
parle, fécondées par les eaux de nombreux puits artésiens, dont
quelques-uns donnent jusqu'à 50 litres par seconde, étaient
visitées, à la saison de la récolte des dattes, par les repré-
sentants de plusieurs grandes maisons de commerce de France
et d'Italie, qui venaient acheter sur place ce fruit des palmiers
et le payer en argent qui s'échangeait promptement contre des
céréales du Tell, du sucre, du café, des étoffes, etc., fournis par
la métropole.

Mais cette zone de landes dont parle M. Behaghel, et qui s'é-
tend entre le Tell et les oasis, se prête elle-même à nourrir des
bêtes à laine. Les troupeaux s'y multiplieraient presque à l'infini.
si les habitudes des pasteurs indigènes se modifiaient [1]. Les épizooties qui en arrêtent le développement et qui surviennent,
cependant moins souvent qu'on le dit, sont en très-grande partie
dues à l'incurie et à l'imprévoyance des Arabes ; au manque
d'approvisionnements de fourrages et d'abris pour la saison
d'hiver, souvent bien rude dans les hauts plateaux.

Jamais les pertes n'ont été plus fortes que celles qu'ont fait
subir aux troupeaux de bêtes à laine et de bêtes bovines, la sé-

[1] Dans son rapport sur l'Exposition universelle de 1867, la commission algérienne, composée de négociants, propriétaires et ingénieurs, résidant la plupart dans la colonie s'exprime ainsi, page 8 :

« La nature a ménagé entre le Tell et le désert un lieu de transition, les
steppes, landes immenses, couvertes la plupart d'herbages touffus, parsemées
de quelques massifs d'arbres ; une véritable terre de pâture, où errent de
nombreux troupeaux de moutons et de bœufs.

« Ainsi la surface de l'Algérie se divise en trois zones successives et paral-
lèles au rivage de la mer : le Tell, les steppes et le Sahara... »

cheresse de l'année 1867 et les neiges de l'hiver qui l'ont suivie. Ces pertes sont aujourd'hui récupérées en grande partie, bien que la colonie ait continué à exporter chaque année jusqu'à : bêtes bovines, 22,000; bêtes à laine, 250,000 [1].

A la page 53, on lit :

« Qu'avons-nous fait jusqu'à ce jour? Créé des villages, éparpillé des hameaux çà et là, parfois en dehors de toute communication, sur des territoires d'une fertilité douteuse et, qui pis est, dans des localités souvent même insalubres et manquant d'eau.

« Qu'en est-il résulté?

« Outre une mortalité regrettable, des ruines, des mécomptes; nous avons gaspillé des millions sans autre résultat que de discréditer par des échecs réitérés l'œuvre de la colonisation européenne. Nous nous sommes trouvés contraints d'immobiliser des troupes pour protéger des colons dispersés, de construire des établissements administratifs pour des administrés qui n'existaient pas, d'organiser une gendarmerie coûteuse [1]... »

Ici nous sommes d'accord avec le général Ducrot. Avec lui, nous reconnaissons que bien des écoles ont été faites ; bien des fautes commises dans l'œuvre de la colonisation européenne en Algérie. Que de projets ! que de systèmes ont été tour à tour prônés, plus ou moins mis à exécution, et puis abandonnés ! Nous ne parlerions pas, si nous ne l'avions entendu soutenir par des personnes sérieuses, de cette idée bizarre que, pour peupler l'Algérie et y créer des villages, il suffisait de faire séjourner

---

[1] Les recensements effectués en 1866 portent le nombre de têtes de bétail, en Algérie :

Bêtes bovines, à.	920,000
Bêtes à laine, à.	6,500,000

En Algérie, les brebis ont, en majeure partie, deux, quelquefois même trois portées par an.

On pourrait donner une grande extension au commerce des bestiaux en les transportant à demi engraissés, sur des pâturages créés au moyen d'irrigations, dans les vallées du Rhône et de la Durance, et notamment dans la Camargue. Promptement complétés en chair, ils seraient dirigés de là sur les grands centres de consommation, Marseille, Lyon, Paris.

[1] Une gendarmerie coûteuse! et le nombre des officiers, sous-officiers et soldats n'atteint pas celui de 700 !

successivement sur divers points un camp de quelques bataillons ou escadrons, autour duquel se groupaient des vivandiers, des marchands, des femmes de mauvaise vie. Le camp était déplacé ; mais le groupe enrichi des deniers du soldat restait, et l'Algérie comptait un centre de population de plus ! Non, cela n'est pas sérieux. Mais ce qui doit faire réfléchir, c'est que, si dans beaucoup de nouveaux villages les colons ont eu à souffrir, si la mortalité a été grande parmi eux, cela est dû à leur ignorance des précautions hygiéniques que le climat impose ; aux emplacements mal choisis pour l'installation des habitations ; souvent, au défaut d'eau de bonne qualité, et presque toujours au manque absolu de voies de communication qui leur eussent permis d'échanger les produits de leurs terres avec ceux de la métropole que l'habitude leur rendait nécessaires. Nous avons eu l'occasion de visiter plusieurs de ces villages, et de nous entretenir avec les survivants des *ouvriers de la première heure*, des difficultés qu'ils avaient eu à surmonter, des épreuves qu'ils avaient eu à subir. L'un d'eux, à qui nous exprimions notre étonnement de ce que l'étendue et la fertilité des terres qu'il possédait ne lui eussent pas apporté plus d'aisance et de bien-être, nous répondait :

« Nous pourrions produire ici autant de blé et d'orge que nous le voudrions ; mais, après avoir assuré la subsistance de nos familles, qu'en ferions-nous? Pour les vendre au port d'exportation, au prix de France, nous sommes obligés de payer de 8 à 10 francs le transport d'un hectolitre. »

En l'année 1867, n'a-t-on pas vu, en Algérie, le prix de l'hectolitre de blé ne différer que de quelques centimes des prix de France, dans les ports d'Alger et de Philippeville, et se payer 45, 50, et même 60 francs dans l'intérieur des terres, à 150, 200 et 500 kilomètres du littoral [1] ?

---

[1] Nulle part, la création et l'amélioration des voies de communication routes et ports, n'ont des effets plus immédiats et plus sensibles qu'en Algérie. Il nous serait facile d'en multiplier ici les preuves. Qu'on nous permette du moins de citer deux ou trois faits dont le souvenir nous revient en ce moment à l'esprit.

En 1817, à l'occasion d'un marché pour une fourniture considérable de matériaux de construction pris en France et destinés à créer un nouveau port, les concurrents à cette fourniture disaient : « Nous demandons 1 fr. 50 pour le transport du quintal, par mer, parce que le port n'est pas encore

Mais les causes de ces premiers échecs étant aujourd'hui connues, il est facile de les éviter ; elles ne peuvent plus d'ailleurs avoir la même influence. Ces villages, ces centres de population dont nous venons de parler, se trouvant enfin reliés avec les ports du littoral par de bonnes routes et des chemins de fer, l'écart entre les prix de l'hectolitre de froment ou d'orge ne saurait à l'avenir dépasser de 1 fr. 50 c. à 2 fr. 50 c.

Tous ces insuccès, tous ces mécomptes sont, à coup sûr, très-regrettables ; mais il ne faut pas cependant en exagérer l'étendue et la portée ; ils n'ont pas empêché que la colonie européenne, qui ne date que d'hier et comprend à peine 230,000 habitants, ne soit parvenue à élever les importations et les exportations de l'Algérie, dans les trois dernières années, savoir :

EXPORTATIONS.	IMPORTATIONS.
En 1868, à la somme de 103,069,304	En 1868, à la somme de 192,664,360
En 1869, à — 106,951.323	En 1869, à — 183 304,804
En 1870, à — 104,456,246	En 1870, à — 172,690.715

A ces chiffres pris dans les documents de la douane, nous joignons deux états émanants de la même source et qui indiquent en quantités, le premier, les principaux produits du sol de l'Algérie exportés pendant des années 1868, 1869 et 1870, et le

fait, à raison des risques maritimes et des difficultés de déchargement; mais dès que les parties principales des jetées et des quais seront exécutées, nous ne demanderons que 1 fr. et peut-être même 0 fr. 80.

Entre ce port et Orléansville, un bac existait sur le Chélif. Un pont lui est substitué, et immédiatement le prix de transport du quintal métrique de l'un à l'autre point, tombe de 3 francs à 2 francs.

Quand ces réductions s'appliquent à des produits du sol, tels que céréales, fourrages, minerais de fer, de cuivre ou de plomb, on comprend facilement que des villages qui jusqu'alors n'avaient fait que végéter, puissent se relever et prospérer; que des mines dont l'exploitation avait dû être suspendue, puissent voir leurs travaux repris avec fruit.

Les besoins de transport des hommes et des choses est si grand en Algérie. que, lorsqu'il n'y a pas de routes ouvertes, on voit les voitures s'en tracer à travers les champs, pour peu que le terrain s'y prête, comme dans la vallée du Chélif. Aussi, dès qu'une nouvelle route est construite et son empierrement répandu, des services réguliers de messageries se créent et ils trouvent à se maintenir et à se développer. C'est ce qu'on voit en ce moment sur les routes de Bône à Constantine par Guelma; de Relisane à Tiaret; d'Alger au pont de Benini, et au Fort national, dans la Kabylie, etc.

deuxième, les principaux produits naturels ou fabriqués que l'Algérie a reçus de la métropole ou de l'étranger. (Commerce général.)

Dans le premier de ces états, nous avons aussi indiqué les quantités de produits similaires à ceux de l'Algérie que la France est obligée, chaque année, d'acheter à ses colonies ou à l'étranger pour sa propre consommation ou pour les besoins de son industrie.

(Voy. les tableaux A et B.)

Ces chiffres ont leur éloquence; nous ne saurions y rien ajouter, et nous terminerons notre travail par ces dernières réflexions.

Quand on a examiné attentivement les tableaux A B et C, et quand on s'est bien rendu compte de ce qu'ils représentent de travail et d'efforts, et aussi d'accroissement de bien-être dans les populations qui habitent l'Algérie ; si on reporte sa pensée sur l'état où se trouvait cette partie du littoral méditerranéen au moment de la conquête, par la lecture des récits de voyageurs ou d'historiens antérieurs à cette époque ; si on la reporte ensuite sur l'état où l'Algérie, devenue française, se trouvait en 1850, à la fin des glorieuses luttes qui ont assuré notre domination, en compulsant, soit les discussions qui ont eu lieu dans les chambres, soit les nombreux écrits jusqu'alors publiés, on ne peut s'empêcher d'éprouver une grande admiration et une profonde sympathie pour les valeureux officiers et soldats qui ont conquis cette terre africaine, au prix de leur sang, et pour ces rudes et intrépides colons qui l'ont fécondée de leurs sueurs.

Puis vient un sentiment de confiance, la foi dans les destinées de cette belle colonie. On a dit et on dit encore qu'elle est une charge pour la France. Au temps de sa prospérité et de sa puissance, la France a pu se complaire à arracher à la barbarie et à rendre à la civilisation cette antique terre d'Afrique, autrefois si peuplée et si féconde[1]. Elle était alors assez riche pour payer cette

[1] Salluste, qui n'a écrit son histoire de *la Guerre de Jugurtha* qu'après avoir été gouverneur de la Numidie, avec le titre de proconsul dit (édition de Panckoucke, p. 41) :

« Ager frugum fertilis, bonus pecori, arbori infecundus, cælo terraque

gloire. Mais aujourd'hui que tant de douloureux revers sont venus s'abattre sur elle, l'Algérie n'a plus, heureusement, pour compléter sa régénération à lui demander les mêmes sacrifices. Le temps même n'est pas éloigné où, reconnaissante envers la mère patrie, que le malheur doit lui rendre plus chère encore, elle sera elle-même en mesure de lui venir en aide dans les nouvelles luttes que l'avenir réserve[1].

Abandonner l'œuvre entreprise, ou, ce qui serait à peu près la même chose, restreindre l'occupation à quelques points fortifiés, ou à une zone de peu d'étendue, comme les Espagnols l'ont fait

penuria aquarum. Genus hominum salubri corpore, velox, patiens laborum : plerosque senectus dissolvit, nisi qui ferro aut bestiis interiere; nam morbus haud sæpe quemquam superat.

« Le sol est fertile en grains, abondant en pâturages, dépouillé d'arbres par la rareté des pluies et le manque de sources. Les hommes y sont robustes, légers à la course, durs au travail : à l'exception de ceux que moisonne le fer ou la dent des bêtes féroces, la plupart meurt de vieillesse, car rien n'y est plus rare que d'être emporté par la maladie. »

(Salluste, proconsul de Numidie.)

[1] On exagère singulièrement les charges que l'Algérie impose à la France; nous avons vu des personnes, bien placées pour s'enquérir à cet égard, dire et rester convaincues que cette colonie coûtait à la métropole au moins 100 millions par an. Voici, d'après les documents officiels, ce qui en est des recettes et des dépenses de l'Algérie, en dehors de celles qui sont supportées par le budget de la guerre pour l'entretien de l'armée et pour les expéditions :

De 1830 à 1870, les dépenses d'administration portées dans les budgets spéciaux de l'Algérie et dans ceux des communes et des provinces s'élevaient à. . . . . 890,995,908 fr.

Les recettes, en Algérie, à. 831,172,568

D'où une différence de. 59,821,340

Il faut y ajouter les dépenses sur les budgets des ministères de la justice, des cultes, de l'instruction publique et des finances, qui, dans ces dernières années, s'élèvent à 4,000,000 fr.; en admettant une moyenne de 2,500,000 fr. pour les quarante années de 1830 à 1870, soit. 100,000,000

Il faut y ajouter encore : 1° la subvention à la Compagnie des chemins de fer, remboursable par annuités et égale à la moitié de la dépense, soit. 80,000,000

2° L'emprunt à la Société algérienne, remboursable également par annuités, soit, jusqu'à ce jour. 75,000,000

On arrive à un total de. 314,821,340

Soit en moyenne, par an. 8,000,000

autrefois à Oran et à Bougie, et de nos jours encore, à Ceuta et à
Mellila, ce ne serait pas seulement une aggravation de nos mal-
heurs, mais ce serait encore un crime de lèse-humanité, un
crime de lèse-civilisation.

Paris, 16 octobre 1871.

TABLEAUX

A. — ÉTAT DES PRINCIPAUX PRODUITS DE L'ALGÉRIE, EXPORTÉS EN 1868, 1869 ET 1870

COMMERCE GÉNÉRAL

DÉSIGNATION DES PRODUITS EXPORTÉS	UNITÉS	EXERCICES 1868	1869	1870
Bêtes de somme [1]	têtes	410	44	265
Bêtes bovines [2]	têtes	25,443	22,04	22,476
Bêtes à laine [3]	têtes	551,541	256,45	242,096
Peaux, os, sabots, cornes [4]	kilogram.	7,593,332	2,813,00	2,858,134
Laines en masse [5]	kilogram.	5,816,896	2,602,93	2,761,547
Graisses (suif brut) [6]	kilogram.	250,197	459,18	198,545
Cire non ouvrée [7]	kilogram.	139,610	64,13	74,505
Poissons de mer secs, salés, fumés [8]	kilogram.	1,604,777	1,524,74	2,219,025
Froment [9]	hectolitres	335,409	217,41	150,447
Orge et avoine [10]	hectolitres	266,935	585,67	258,621
Farines de toutes sortes	hectolitres	42,545	75,95	57,068
Pains et biscuits de mer	kilogram.	11,775	11,66	5,058,772
Légumes secs [11]	kilogram.	1,285,214	2,059,28	3,788,997
Légumes verts [12]	kilogram.	1,027,058	1,002,77	1,505,421
Fruits secs et tapés [13]	kilogram.	487,819	1,465,08	262,031
Fruits de table frais [14]	kilogram.	726,736	1,322,04	1,216,005
Huile d'olive [15]	kilogram.	891,501	7,961,23	1,718,024
Tabac en feuilles [16]	kilogram.	1,502,814	2,841,33	1,812,760
Tabac fabriqué	kilogram.	391,536	692,25	517,854
Vins de toutes sortes [17]	hectolitres	803	1,31	1,265
Fourrages [18]	quintaux	55,544	60,45	115,532
Ecorce à tan [19]	quintaux	79,751	83,94	100,974
Liége brut [20]	quintaux	15,319	28,51	17,452
Coton en laine [21]	kilogram.	376,982	282,58	546,809
Lin en graine [22]	kilogram.	2,712,817	2,326,85	»
Alfa, diss et roseaux [23]	quintaux	58,155	155,00	432,178
Crin végétal [24]	quintaux	22,535	48,35	38,512
Minerai de fer [25]	quintaux	2,453,575	2,152,05	1,694,290
Minerai de plomb [26]	quintaux	28,270	69,85	34,965
Corail brut	kilogram.	30,255	31,89	32,685

OBSERVATIONS

[1] Non compris la remonte de l'armée, qui s'effectue en envoyant en Algérie les régiments de cavalerie non montés.

[2] En l'année 1868, la France a acheté pour sa consommation ou son industrie. . . . têtes 176,000

[3] Idem. . . . têtes 1,551,000

[4] Idem. . . . kilogram. 42,400,000

[5] Idem. . . . kilogram. 110,600,000

[6] Idem. . . . kilogram. 28,000,000

[7] Idem. . . . kilogram. 590,000

[8] Idem. . . . kilogram. 4,000,000

[9] Idem. . . . hectolitres 7,800,000

[10] Idem. . . . hectolitres 2,900,000

[11] Idem. . . . kilogram. 46,000,000

[12] Idem. . . . kilogram. 5,680,000

[13] Idem. . . . kilogram. 6,100,000

[14] Idem (oranges et citrons). . . . kilogram. 25,700,000

[15] Idem. . . . kilogram. 14,200,000

[16] Idem. . . . kilogram. 18,000,000

[17] La France consomme encore les vins et alcools qu'elle produit.

[18] L'Algérie a acheté pour sa consommation. . . . quintaux 185,000

[19] Idem. . . . quintaux 11,150,000

[20] Idem. . . . quintaux 31,500

[21] Idem. . . . kilogram. 121,000,000

[22] Idem. . . . kilogram. 58,000,000

[23] La France a acheté, en 1868, 1,000,000 kilogr. de papier et 15,000,000 kilogr. de chiffon.

[24] En l'année 1868, la France a acheté. . . . kilogram. 52,000

[25] Idem. . . . quintaux 5,555,600

[26] Idem. . . . quintaux 122,500

B. — ÉTAT DES PRINCIPALES MARCHANDISES IMPORTÉES EN ALGÉRIE

COMMERCE GÉNÉRAL

DÉSIGNATION DES MARCHANDISES	UNITÉS	EXERCICES			OBSERVATIONS
		1858	1869	1870	
Sucre.	kilogram.	7,586,590	7,404,417	7,957,345	
Café.	kilogram.	2,465,901	2,595,069	2,165,560	
Viandes salées.	kilogram.	581,030	557,456	745,288	
Fromage.	kilogram.	1,075,509	1,119,961	996,314	
Farines de toute sorte.	kilogram.	15,153,279	7,160,217	10,461,550	
Vins.	hectolitres	450,078	421,484	414,169	
Eaux-de-vie, esprits.	hectolitres	27,058	26,794	26,586	
Savons.	kilogram.	3,586,968	4,154,414	3,830,088	
Acide stéarique ouvré.	kilogram.	522,582	565,178	498,786	
Tabac fabriqué.	kilogram.	1,085,619	1,725,350	1,028,718	
Fruits secs confits.	kilogram.	5,488,350	5,191,505	5,439,955	
Tissus { de coton.	francs	25,761,055	52,888,491	31,907,001	
Tissus { de chanvre.	francs	4,769,016	5,298,331	6,054,092	
Tissus { de laine.	francs	11,545,378	12,574,708	10,965,727	
Tissus { de soie.	francs	2,206,975	4,824,000	3,524,171	
Papier et carton.	kilogram.	2,126,304	1,264,934	1,186,916	
Peaux préparées, ouvrées.	francs	5,187,105	5,906,913	7,715,747	
Cordages, filets	kilogram.	503,104	608.592	517,886	
Ouvrages en métaux.	francs	8,030,966	6,413,592	7,859,183	
Houille.	quintal	515,191	550,505	799,899	
Fers, fonte, acier.	kilogram.	8,801,027	16,030,599	10,526,689	
Mercerie et effets à usage.	francs	8,555,898	7,499,394	6,259,464	
Machines et mécaniques.	francs	3,024,004	4,181,889	1,834,148	
Meubles et ouvrages en bois.	francs	2,716,108	3,609,180	1,594,544	
Poterie de terre.	kilogram.	876,782	1,182,978	1,744,565	
Faïence, porcelaine.	kilogram.	572,450	709,702	742,641	
Verres et cristaux.	francs	1,560,280	1,290,732	1,167,794	

G. — DOUANES — ANNÉE 1868

MOUVEMENT DU COMMERCE GÉNÉRAL DE LA FRANCE PAR PAYS DE PROVENANCE ET DE DESTINATION

PAYS DE PROVENANCE ET DE DESTINATION	IMPORTATIONS	EXPORTATIONS	IMPORTATIONS ET EXPORTATIONS
	francs	francs	francs
Angleterre..............	671,000,000	1,160,700,000	1,851,700,000
Belgique...............	473,500,000	297,200,000	770,000,000
Amérique du Sud........	389,500,000	360,700,000	750,200,000
Suisse................	377,200,000	371,500,000	748,700,000
Italie................	386,200,000	265,400,000	651,600,000
Allemagne.............	391,000,000	241,400,000	633,000,000
Turquie..............	301,500,000	109,800,000	411,000,000
Espagne..............	113,500,000	219,500,000	332,000,000
États-Unis...........	160,000,000	162,100,000	322,000,000
Asie et Océanie......	270,000,000	48,000,000	318,500,000
Algérie.............	72,200,000	143,800,000	216,000,000
Russie..............	171,000,000	40,000,000	211,000,000
COLONIES FRANÇAISES { Ile de la Réunion ; Guyane ; Martinique ; Guadeloupe ; Sénégal ; Madagascar ; Inde ; Saint-Pierre et Miquelon...........	117,800,000	76,500,000	194,300,000
AFRIQUE { Égypte ; États barbaresques ; côte Orientale ; côte Occidentale ; île Maurice ; Cap......	99,000,000	83,800,000	182,800,000
Suède et Norwége.......	92,300,000	12,100,000	104,400,000
Villes anséatiques......	47,000,000	43,000,000	90,000,000
Pays-Bas.............	51,700,000	36,400,000	88,000,000
Autriche.............	62,000,000	13,200,000	65,500,000
Pays divers..........	49,300,000	37,800,000	38,100,000
TOTAUX.........	5,258,200,000	3,720,900,000	7,979,100,000

D. — DOUANES — ANNÉE 1868

RÉSUMÉ DES MARCHANDISES (POIDS)

IMPORTÉES ET EXPORTÉES DANS LES PORTS FRANÇAIS ET ALGÉRIENS

	COMMERCE GÉNÉRAL		
	IMPORTATIONS	EXPORTATIONS	TOTAUX
	TONNES	TONNES	TONNES
Marseille.	1,943,192	982,603	2,925,795
Le Havre.	899,906	323,595	1,223,502
Bordeaux..	620,844	295,035	815,879
Dunkerque.	436,150	144,622	580,772
Dieppe..	331,145	74,439	405,895
Cette..	244,591	159,403	403,994
Nantes.	247,970	76,742	324,713
Bône..	27,651	254,313	281,964
Rouen.	180,058	67,393	247,451
Saint-Nazaire.	196,769	43,352	240,121
Boulogne..	170,170	39,923	209,943
Alger.	131,197	71,211	202,408
Calais.	172,692	12,531	185,223
Oran..	74,043	43,139	117,183
Bayonne.	48,234	37,531	85,766
Philippeville.	58,246	11,078	69,324
Ile de Corse..	29,203	37,089	66,229
Mostaganem..	5,835	9,640	15,475

RÉCAPITULATION

	TONNES	TONNES	TONNES
Ports français..	5,520,775	2,394,256	7,915,294
Ports algériens.	296,972	389,281	685,355

N. B. Les chiffres donnés pour les ports de l'Algérie s'appliquent à l'année 1869. On n'a pu se procurer que ceux de l'année 1868 pour les ports français.

PARIS. — IMP. SIMON RAÇON ET COMP., RUE D'ERFURTH, 1.

CHEZ DUNOD, ÉDITEUR
49, Quai des Augustins, à Paris.

ENSEIGNEMENT CLASSIQUE SCIENTIFIQUE
ANNÉE SCOLAIRE 1870-1871.

ARITHMÉTIQUE. PRÉCIS D'ARITHMÉTIQUE à l'usage des candidats aux Écoles polytechnique, Saint-Cyr, forestière, navale, et des aspirants au baccalauréat ès sciences et autres grades des Facultés; par **Ch. Simon**, *professeur de mathématiques au Lycée Louis-le-Grand*. In-8. Prix : 3 fr. 50 c.

ARITHMÉTIQUE. COURS D'ARITHMÉTIQUE, suivi des notions élémentaires d'algèbre; ouvrage rédigé d'après l'instruction générale sur l'exécution du plan d'études des lycées impériaux, et contenant les énoncés de 560 problèmes, dont les données ont été prises dans des publications officielles; par **Ch. Leglier**, *ancien élève de l'Ecole polytechnique, professeur au lycée de Versailles*. In-12. 2 fr. 50 c.

Cet ouvrage est tout à fait conforme à l'esprit et à la lettre du plan d'études des lycées. Il contient toutes les questions d'arithmétique et d'algèbre traitées dans la classe de troisième (section des sciences), et est terminé par une série de 17 tableaux extraits des publications *officielles* sur la population, l'agriculture et l'industrie. Conformément à l'instruction générale sur le nouveau plan d'études, les 560 problèmes que l'auteur y énonce, reposent sur des données réelles et non sur des nombres arbitraires.

ALGÈBRE. LEÇONS D'ALGÈBRE, à l'usage des candidats au baccalauréat ès sciences et aux écoles spéciales, *entièrement conformes aux programmes* arrêtés pour l'enseignement des lycées et l'admission aux écoles spéciales; par **Ch. Briot**, *professeur de mathématiques spéciales au lycée Saint-Louis, docteur ès sciences, maître de conférences à l'École normale supérieure, etc.* Nouvelle édition, 2 vol. in-8, fig. *(ensemble)*. 7 fr. 50 c.

LA PREMIÈRE PARTIE, à l'usage des élèves de la classe de seconde et des candidats au baccalauréat ès sciences et aux Écoles de marine et de Saint-Cyr, précédée d'une introduction à l'usage des élèves de la classe de troisième. 6e édition, in-8, fig. *(seule)*. 5 fr. 50 c.

LA DEUXIÈME PARTIE, à l'usage des élèves de mathématiques spéciales et des candidats aux Écoles polytechnique et normale supérieure. 4e édition. 1 vol. in-8, fig. *(seule)* 4 fr. 50 c.

ÉQUATIONS. RÉSOLUTION DES ÉQUATIONS TRANSCENDANTES; par le docteur **M. A. Stern**, *professeur à l'Université de Goettingue*. Ouvrage couronné par la Société des sciences de Danemark; traduit et annoté par **E. Lévy**, *agrégé des Sciences*. In-8 avec figures dans le texte. 1 fr. 75 c.

La résolution des équations transcendantes est exigée pour l'admission à l'École polytechnique. — C'est une des théories mentionnées dans le Programme officiel.

Les Traités d'algèbre sont, à ce sujet, tout à fait insuffisants. — La publication du travail remarquable du Dr STERN est un véritable service rendu à l'enseignement.

GÉOMÉTRIE. ÉLÉMENTS DE GÉOMÉTRIE comprenant LA GÉOMÉTRIE PURE ET APPLIQUÉE; ouvrage conforme au nouveau programme et aux instructions ministérielles de 1854. 2 parties in-8 avec 442 figures dans le texte et 3 planches gravées; par **A. Eudes**, *professeur au lycée Napoléon*. 6 fr. 25 c.

On vend séparément :

La géométrie pure. 1 vol. in-8 avec 344 figures. 4 fr.

La géométrie appliquée. 1 vol. in-8 avec 98 figures et 3 planches gravées. 2 fr. 25 c.

La *Géométrie pure* est divisée en 7 livres suivis d'un supplément sur les courbes usuelles; on y trouve une théorie du contact et de l'intersection des cercles dégagée de tout raisonnement par la réduction à l'absurde, des démonstrations simplifiées sur la mesure des angles inscrits, sur les relations numériques entre les côtés d'un triangle, sur le rapport des aires des figures semblables, sur celui des volumes des polyèdres semblables, sur la surface du tronc de cône, sur l'égalité de sangles que forme soit la tangente à l'ellipse avec les rayons vecteurs menés au point de contact, soit la tangente à la parabole avec le rayon vecteur mené au point de contact et avec l'axe.

La *Géométrie* appliquée contient les premières notions sur le levé des plans, les projections et le nivellement. Dans un appendice sur les projections, on a complété la partie de la géométrie descriptive qui concerne la ligne droite et le plan, en employant la méthode du changement de plans de projection appliquée seulement au plan vertical; on y trouve comme exercices la construction générale des cadrans solaires et la manière de se servir de la projection d'un cube pour projeter un ouvrage de charpente, un banc, par exemple.

Les énoncés d'environ 200 problèmes et théorèmes accompagnés du numéro de renvoi aux diverses parties des *Eléments* auxquels ils se rapportent, offrent aux élèves des sujets d'exercices faciles sur toutes les parties.

THÉORÈMES ET PROBLÈMES DE GÉOMÉTRIE ÉLÉMENTAIRE, avec leur démonstration et leur solution raisonnée; ouvrage destiné à tous les aspirants au baccalauréat et aux Ecoles du gouvernement; par **E. Catalan**, *docteur ès sciences, agrégé de l'Université, professeur à l'Université de Liége, etc.* 4e édition, refondue et considérablement augmentée. 1 beau vol. in-8, avec 17 planches. Prix : 7 fr. 50 c.

TRIGONOMÉTRIE. LEÇONS DE TRIGONOMÉTRIE rectiligne et sphérique, à l'usage des candidats au baccalauréat ès sciences et aux Ecoles spéciales du gouvernement; par **Roguet**, *professeur.* 5e édition, revue avec soin et rédigée conformément au programme officiel de l'enseignement scientifique des lycées. In-8, avec figures dans le texte. Paris. 2 fr. 25 c.

TRIGONOMÉTRIE. LEÇONS DE TRIGONOMÉTRIE rectiligne et sphérique, à l'usage des élèves des lycées et des candidats au baccalauréat et aux Ecoles spéciales; par **E. Rouché**, *ancien élève de l'Ecole polytechnique, professeur au lycée Charlemagne,* et **L. Lacour**, *professeur au lycée Charlemagne.* 1 vol. in-8 avec figures intercalées dans le texte. 5 fr. 50 c.

Les seize premières leçons renferment les matières exigées pour l'admission au baccalauréat ès sciences, à l'Ecole navale et à l'Ecole de Saint-Cyr; les suivantes s'adressent aux élèves de mathématiques spéciales. Chaque chapitre contient, outre les exercices résolus, et imprimés en petit caractère, un grand nombre de questions énoncées que les élèves studieux s'exerceront utilement à résoudre. Les leçons qui traitent de l'usage des tables et de l'application de la trigonométrie au levé des plans ont été l'objet d'un soin particulier; dans la première, chaque règle est suivie d'un exemple qui en fixe le sens, et dans la seconde, des applications numériques nombreuses et variées permettent au lecteur d'acquérir cette habitude des calculs à laquelle on ne saurait attacher trop de prix. On trouvera enfin dans cet ouvrage des démonstrations simples et nouvelles des formules relatives à la réduction des arcs, de la formule de Lhuillier et du théorème de Legendre.

GÉOMÉTRIE ANALYTIQUE. LEÇONS DE GÉOMÉTRIE ANALYTIQUE à deux et à trois dimensions, à l'usage des candidats aux Ecoles polytechnique et normale, précédées d'une introduction renfermant les premières notions sur les courbes usuelles exigées des candidats au baccalauréat ès sciences; ouvrage entièrement conforme aux programmes de 1852 pour l'enseignement scientifique des lycées; par **Roguet**, *professeur.* 2e édition, revue et augmentée. 1 vol. in-8, avec les figures dans le texte. 7 fr. 50 c.

GÉOMÉTRIE ANALYTIQUE. COMPLÉMENT DE LA GÉOMÉTRIE ANALYTIQUE de **MM. Briot** et **Bouquet.** Leçons faites par M. Briot, à l'Ecole normale supérieure, et rédigées par ses élèves. Un beau volume grand in-8 avec 120 figures dans le texte. Prix : 5 fr.

Complément par Brut.

ANALYSE. RÉSUMÉ DES LEÇONS D'ANALYSE données à l'Ecole polytechnique; par **Navier**, *membre de l'Institut, professeur d'analyse et de mécanique à l'Ecole polytechnique, etc.* 2e édition, revue et annotée par M. **Liouville**, *membre de l'Institut, etc.* 2 volumes in-8, avec planches. 10 fr.

GÉOMÉTRIE DESCRIPTIVE. TRAITÉ ÉLÉMENTAIRE DE GÉOMÉTRIE DESCRIPTIVE, renfermant toutes les matières exigées pour l'admission à l'Ecole polytechnique, le baccalauréat, etc.; par **E. Catalan**, *docteur ès sciences, agrégé de l'Université, etc.* Nouvelle édition, 2 parties in-8, avec atlas de 28 planches. 7 fr. 50 c.

Chaque partie se vend séparément :

1re *partie :* La ligne droite et le plan. 5e édition, in-8, avec atlas de 11 planches. 4 fr.

2e *partie :* Problèmes sur les surfaces, in-8, avec atlas de 17 planches. 4 fr.

GÉOMÉTRIE DESCRIPTIVE. TRAITÉ COMPLET DE GÉOMÉTRIE DESCRIPTIVE; par **Th. Olivier**, *docteur ès sciences, professeur de Géométrie descriptive au Conservatoire des arts et métiers, répétiteur à l'Ecole polytechnique, professeur-fondateur de l'Ecole centrale des arts et manufactures, etc.;* ouvrage divisé en plusieurs parties, qui se vendent chacune séparément :

1° COURS DE GÉOMÉTRIE DESCRIPTIVE. 2e édition revue et augmentée ; deux parties in-4, avec un atlas de 97 planches. 22 fr.

La 1re *partie :* DU POINT, DE LA DROITE ET DU PLAN. 2e édition, revue et augmentée. 2 vol. in-4, dont 1 de 45 planches.

Cette première partie contient tout ce qui est relatif à l'écriture et à la notation graphique, à la méthode du changement des plans de projection et à celle du mouvement de rotation; elle contient en outre les notions élémentaires sur les ombres, la perspective et les plans cotés.

La 2e *partie :* DES COURBES ET DES SURFACES COURBES, et en particulier DES SECTIONS CONIQUES ET DES SURFACES DU SECOND ORDRE. 2e édition, 2 forts vol. in-4, dont 1 de 54 planches. (Cette 2me partie se vend séparément.) 12 fr. 50 c.

La deuxième partie forme le traité le plus complet qui existe sur les courbes et sur les surfaces ; tout y est démontré par les méthodes de projection, sans avoir recours à l'analyse.

2º **ADDITIONS AU COURS DE GÉOMÉTRIE DES-CRIPTIVE**; démonstration nouvelle des propriétés des sections coniques. In-4, avec 15 planches. 4 fr.

3º **DÉVELOPPEMENTS DE GÉOMÉTRIE DES-CRIPTIVE** avec un APPENDICE contenant divers Mémoires de géométrie supérieure; par **M. Serret**, *membre de l'Institut*. 2 vol. in-4, dont 1 de pl. 18 fr.

4º **COMPLÉMENTS DE GÉOMÉTRIE DESCRIP-**TIVE. 2 vol. in-4, dont 1 de pl. 18 fr.

5º **MÉMOIRES DE GÉOMÉTRIE DESCRIPTIVE THÉORIQUE ET APPLIQUÉE.** 2 vol. in-4, dont 1 de pl. 18 fr.

6º **APPLICATION DE LA GÉOMÉTRIE DESCRIP-TIVE** aux ombres, à la perspective, à la gnomonique et aux engrenages. 2 vol. in-4, dont 1 de 58 pl. doubles, dont plusieurs coloriées ou à l'aqua-tinta. 25 fr.

Les *Développements*, les *Compléments* et les *Mémoires de géométrie descriptive* servent de complément à tous les traités de Géométrie descriptive publiés jusqu'à ce jour; ils renferment chacun des matières spéciales que n'a encore traitées aucun des auteurs qui ont écrit sur la géométrie descriptive.

La *géométrie descriptive*, comme le démontrent ces ouvrages, peut souvent atteindre à la puissance de *l'analyse*; elle y atteindra en *général* dans les questions où il s'agira de la *forme*, dans les problèmes de relation de position; et je serais bien trompé (*dit l'auteur*) si, pour ces problèmes, elle n'avait presque toujours l'avantage sur *l'analyse*, en ce sens que ses démonstrations seront plus promptes et plus simples et que les résultats seront obtenus dans des termes plus immédiatement applicables par les ingénieurs aux travaux d'art.

La géométrie descriptive peut acquérir *toute puissance* lorsqu'il s'agira de relation de position; en ce sens elle n'est pas bornée, et les efforts qu'elle fera dans cette direction seront toujours utiles.

GÉOMÉTRIE DESCRIPTIVE.

TRAITÉ DE GÉOMÉTRIE DESCRIPTIVE, comprenant les applications de cette géométrie aux *ombres*, à la *perspective* et à la *stéréotomie*; par **Hachette**, *membre de l'Institut, anc. prof. à l'École polytechnique.* 2e édition. 1 fort vol. in-4, avec 74 grandes planches.. 20 fr.
De tous les ouvrages publiés sur cette matière, le *Traité de Géométrie descriptive*, par M. Hachette, est le seul qui contienne des applications à la coupe des pierres, etc.

GÉOMÉTRIE DESCRIPTIVE
ET
GÉOMÉTRIE SUPÉRIEURE.

DÉVELOPPEMENTS DE GÉOMÉTRIE DESCRIP-TIVE; par M. **Th. Olivier**, *ancien élève de l'École polytechnique et ancien officier d'artillerie, docteur ès sciences de la Faculté de Paris; professeur de géométrie descriptive au Conservatoire impérial des Arts et Métiers; professeur-fondateur de l'École centrale des Arts et Manufactures, répétiteur à l'École polytechnique;* suivi de NOTES DE GÉOMÉTRIE SUPÉRIEURE par M. **J. A. Serret**, *membre de l'Institut, professeur à la Faculté des sciences.* 1 vol. in-4, avec Atlas. Prix : 18 fr.

COSMOGRAPHIE.

COURS DE COSMOGRAPHIE, OU ÉLÉMENTS D'ASTRONOMIE, comprenant les matières du *nouveau programme* arrêté pour l'enseignement des lycées; par **Ch. Briot**, *maître de conférences à l'École normale, etc.* 5e édition. 1 beau vol. grand in-8, avec bois gravés dans le texte et imprimé avec le plus grand soin. 1867. 7 fr.

MÉCANIQUE.

LEÇONS DE MÉCANIQUE conformes aux programmes de l'enseignement des lycées et de l'admission aux écoles spéciales; par **Ch. Simon**, *professeur de mathématiques au lycée Louis-le-Grand, docteur ès sciences, etc.* 1 vol. in-8, avec figures. Prix : 5 fr. 50 c.

MÉCANIQUE.

LEÇONS DE MÉCANIQUE ÉLÉMENTAIRE entièrement conformes aux nouveaux programmes de l'enseignement des lycées, contenant toues les connaissances nécessaires à ceux qui se destinent au baccalauréat ès sciences, aux écoles spéciales du gouvernement, à l'École centrale des arts et manufactures, et à ceux qui suivent les cours des écoles professionnelles et des nouvelles facultés des sciences appliquées, par MM. **Henry Harant**, *licencié ès sciences*, et **Pierre Laffitte**, *professeur de mathématiques.* 1 vol. in-8, imprimé sur papier glacé, orné de 195 figures dans le texte et une planche. 6 fr.

PHYSIQUE.

COURS ÉLÉMENTAIRE DE PHYSIQUE, précédé de notions de mécanique et suivi de problèmes; par **A. Boutan**, *proviseur du lycée Saint-Louis*, et **J. Ch. d'Almeida**, *professeur de physique au lycée Napoléon;* 3e édition, revue et augmentée, avec 800 figures environ et un spectre solaire intercalés dans le texte. 2 vol. grand in-8. Prix : 12 fr.

PHYSIQUE.

LEÇONS DE PHYSIQUE à l'usage des aspirants à l'École polytechnique, par MM. **Baisse** et **André**. 1er fascicule avec nombreuses vignettes. 3 fr

CHIMIE.

COURS DE CHIMIE; par **H. Debray**, *professeur au lycée Charlemagne*; avec nombreuses figures intercalées dans le texte, 3e édition tome, 1er. 1 fort vol. grand in-8 et planches. Prix : 6 fr.

CHIMIE. ABRÉGÉ DE CHIMIE, à l'usage des aspirants au baccalauréat; par le m) auteur, in-18, avec figure. fr.

CHIMIE. ATLAS DE CHIMIE ANALYTIQUE MINÉRALE, renfermant les premières notions indispensables aux personnes qui commencent la chimie et 17 tableaux parfaitement imprimés en couleur des précipités donnés par les réactifs et des colorations obtenues au chalumeau; par **A. Terreil**, *aide de chimie au Muséum impérial d'histoire naturelle*. In-8 jésus. Prix : 12 fr. 50 c.
— QUESTIONNAIRE DE CHIMIE, par *le même.* In-18 cartonné. 1 fr. 25 c.

GÉOLOGIE. COURS ÉLÉMENTAIRE de Géologie pratique. — Etude des roches considérées dans leur composition, leur gisement et leurs applications. Un beau vol. in-8., avec figures. par M. Stanislas Meunier, D^r ès sciences, aide-naturaliste au Muséum d'histoire naturelle. (*Sous presse.*)

DESSIN LINÉAIRE. DESSIN LINÉAIRE APPLIQUÉ AUX ARTS ET A L'INDUSTRIE, par **E. Locard**, *ingénieur en chef du chemin de fer de Saint-Etienne à Lyon, ancien professeur des cours industriels de Mézières, de Charleville, etc.* 1 vol. in-8, avec un atlas in-folio de 55 planches, contenant 890 dessins gravés avec soin par **Hibon**. 18 fr.

Cet ouvrage est divisé comme il suit : LIVRE Ier. *Préliminaires.* — II. *Dessin mathématique.* — III. *Dessin à vue ou à main levée.* — IV. *Application à la coupe des pierres; l'architecture; la charpente; la menuiserie; aux escaliers; à la serrurerie; aux maisons d'habitation et à la mécanique.*

L'atlas, de grand format pour donner aux figures tout le développement qu'elles méritent, a été dessiné par l'auteur et gravé sous ses yeux; sa parfaite exécution ne laisse rien à désirer.

Les dessins relatifs à l'architecture, la charpente, la menuiserie, la serurrerie et la mécanique sont tous cotés avec soin et représentent en général des objets exécutés.

DESSIN INDUSTRIEL. ÉLÉMENTS DE DESSIN INDUSTRIEL formant un cours de DESSIN LINÉAIRE et de tracé géométrique; par **Tudot**, *professeur, directeur d'une école spéciale de dessin.* 2e édition revue et augmentée de 40 planches d'exercices. 1 beau vol. in-8 de texte accompagné d'un atlas in-folio de 40 planches gravées avec soin par **Hibon**. 9 fr.

Le volume in-8 de texte se vend séparément. 4 fr.

L'atlas in-folio, contenant 40 planches d'exercices. 6 fr.

Les *Éléments de dessin industriel*, par M. Tudot, renferment une suite de modèles très-sagement choisis, très-bien gradués, dessinés avec science et parfaitement gravés. Ces modèles sont, comme le texte lui-même, divisés en plusieurs parties : la première traite du *dessin à vue*; celle qui la suit a pour objet le *tracé géométrique*, partie qui contient une description détaillée de tous les procédés en usage dans le tracé des épures. Des *exercices d'ornements et de têtes* terminent l'ouvrage. Les 40 planches d'exercices peuvent être très-facilement copiées avec les instruments mathématiques du prix le plus ordinaire, avantage que n'offrent pas la plupart des ouvrages publiés sur cette partie de l'enseignement.

OMBRES ET LAVIS. ÉTUDES DE PROJECTIONS, D'OMBRE ET DE LAVIS, à l'usage de toutes les écoles, des architectes et des mécaniciens; par **Tripon**, *professeur au collége Sainte-Barbe, etc.* Ouvrage divisé en quatre parties : 1° Projections orthogonales; 2° Projections obliques; 3° Ombres; 4° Lavis appliqué à l'enseignement du dessin des machines, de l'architecture, etc. 1 vol. in-8 de texte avec un magnifique atlas de 40 pl. gr. in-4, *imprimées au lavis* sur un quart colombier glacé. 30 fr.

On vend séparément :

Les trois premières parties comprenant les PROJECTIONS et les OMBRES. 20 planches avec texte, reliure élégante. 15 fr.

La quatrième partie, Cours élémentaire de LAVIS appliqué à l'enseignement du dessin des machines, de l'architecture, etc. 20 planches avec texte, relié. 20 fr.

Les planches qui composent le remarquable Atlas de cet ouvrage ont été tout récemment l'objet d'une révision complète; l'auteur n'a rien négligé pour donner au *nouveau tirage* qui vient d'en être exécuté une véritable supériorité sur les tirages précédents.

DESSIN D'ORNEMENTS. **Ruprich-Robert**, *architecte du gouvernement, professeur de composition d'ornement à l'École impériale de dessin, architecte dessinateur du mobilier de la couronne.* FLORE ORNEMENTALE. 1 fort vol. grand in-4 colombier de texte, et légendes, avec 150 pl. grav. par SAUVAGEOT. 125 fr.

— Collection de 30 pl. extraites par Son Exc. M. le Ministre de l'Instruction publique.

En feuilles : 20 fr.
Sur cartons. 25 fr.

Notre Catalogue de livres de MATHÉMATIQUES et AUTRES est adressé à toute personne qui en fait la demande par lettre AFFRANCHIE